AF252629

Habitations à Bon Marché

AVANTAGES

créés par la loi du 12 Avril 1906
en faveur des Habitations ouvrières
et conditions
que doivent remplir ces habitations
pour bénéficier des dispositions de la dite Loi

COMITÉ DE PATRONAGE

des Habitations à Bon Marché et de la Prévoyance sociale

de l'Arrondissement de Meaux

MEAUX

—

Imprimerie LALOT

1912

RÉPUBLIQUE FRANÇAISE

COMITÉ DE PATRONAGE

des Habitations à Bon marché

et de la PRÉVOYANCE SOCIALE

de l'Arrondissement de Meaux

Notice indiquant les avantages créés par la loi du 12 Avril 1906

en faveur des habitations ouvrières

et les principales conditions que doivent remplir ces habitations

pour bénéficier de la dite loi

AVANTAGES

I. — Exonération pendant 12 ans au lieu de 3 ans des contributions foncières et des portes et fenêtres.

II. — Faculté de louer avec promesse de vente en n'acquittant les droits de mutation que dans les 5 dernières années du contrat et par cinquième.

III. — Faculté de laisser dans l'indivision une maison à bon marché occupée par le conjoint ou un des enfants du titulaire défunt.

IV. — Faculté pour les acquéreurs ou constructeurs de passer des assurances en cas de décès.

V. — Les Caisses d'épargne, bureaux de bienfaisance, hospices, les communes et départements peuvent employer une partie de leurs ressources en constructions d'habitations à bon marché.

VI. — Les sociétés de crédit ou de construction d'habitations à bon marché sont dispensées :

a) des droits de timbre et d'enregistrement sur leurs actes de constitution ou de dissolution ;

b) du droit de patente ;

c) de l'impôt sur le revenu des actions ;

d) du droit de timbre sur les actions, obligations, et sur les « pouvoirs » représentatifs aux assemblées générales.

Le tout en observant les lois spéciales et notamment sous la condition que les dividendes soient limités à 4 pour 100.

Explications succintes sur ces avantages

I. — L'article 9 de la loi du 12 avril 1906 dispose que sont affranchis, *pendant 12 ans, à compter de l'achèvement des travaux*, de la contribution foncière et de la contribution des portes et fenêtres les maisons individuelles ou collectives destinées à être louées ou vendues et celles construites par les intéressés eux-mêmes pourvu qu'elles remplissent diverses conditions énumérées ci-après et à condition qu'elles ne subissent par la suite ni transformations ni agrandissements qui leur ferait perdre le caractère d'habitations à bon marché ou leur ferait acquérir une valeur sensiblement supérieure au maximum légal.

II. — Les actes constatant la vente des maisons individuelles à bon marché sont soumis aux droits de mutation en vigueur, mais si le prix est stipulé payable par annuités, *sur la demande des parties*, et sous la réserve de la production des justifications énoncées à l'article 10 de la loi, ces droits de mutation peuvent être payés en plusieurs fractions égales ; toutefois le nombre de ces fractions ne peut excéder celui des annuités prévues au contrat ni être supérieur à 5.

III. — Lorsqu'une maison individuelle bénéficiant de ladite loi figure dans une succession et que cette maison est occupée au moment du décès de l'acquéreur ou du constructeur par le défunt, son conjoint, ou l'un de ses enfants, le maintien de l'indivision peut

être prononcé. De plus chacun des héritiers et le conjoint survivant, s'il a un droit de co-propriété, a la
faculté de reprendre la maison sur estimation dans
les conditions spécifiées à l'article 8 de la loi.

IV. — Les acquéreurs ou les constructeurs d'habitations à bon marché qui se libèrent du prix de
leur habitation au moyen d'annuités peuvent passer
avec la caisse d'assurance en cas de décès instituée
par la loi du 11 juillet 1868, dans les conditions dé-
terminées à l'article 7 de la loi du 12 avril 1906, des
contrats d'assurance temporaire ayant pour but de
garantir à la mort de l'assuré, si elle survient dans
la période d'années déterminée, le payement de tout
ou partie des annuités restant à échoir.

V. — Les caisses d'épargne sont autorisées par
l'article 16 de la loi à consentir des prêts hypothécaires, amortissables par annuités à des particuliers
désireux d'acquérir ou de construire des habitations
à bon marché, elles sont autorisées également à acquérir des actions des sociétés de construction ou de
crédit sous la réserve que ces actions seront entière-
ment libérées et que leur montant ne dépassera pas
les deux tiers du capital social.

Les bureaux de bienfaisance et d'assistance, les hospices et hôpitaux peuvent avec l'autorisation préfec-
torale employer un cinquième de leur patrimoine à
la construction d'habitations à bon marché, en prêts
aux sociétés de construction et aux sociétés de crédit
et à l'achat d'actions ou d'obligations de ces sociétés
dans les conditions spécifiées à l'article 6 de la loi.

Les communes et les départements peuvent également dans les conditions spécifiées au même article
employer leurs ressources en prêts, en obligations ou
en actions sous réserve que les maisons ne puissent
être aliénées à un prix inférieur à celui de revient, ni
louées à des prix inférieurs à 4 pour 100 dudit prix
de revient.

VI. — Les actes nécessaires à la constitution et à
la dissolution des sociétés de construction ou de crédit sont dispensés du droit de timbre et enregistrés
gratis s'ils remplissent les conditions prévues par l'article 68, paragraphe 3 n° 4 de la loi du 22 frimaire

an VII. Les pouvoirs en vue de la représentation aux assemblées générales sont dispensés du timbre. Les titres d'actions et d'obligations sont également dispensés des droits de timbre sauf de ceux de timbre-quittance. Ces mêmes sociétés sont dispensées de toute patente et de l'impôt sur le revenu attribué aux actions, parts d'intérêts et obligations, le tout sous la réserve que leurs statuts seront approuvés par M. le Ministre du Travail.

Moyens de se procurer des ressources

pour profiter des avantages énoncés ci-dessus.

Les acquéreurs ou constructeurs de maisons d'habitations à bon marché, pour leur usage personnel, peuvent par application de la loi du 10 avril 1908 contracter des prêts hypothécaires au taux réduit de 2 pour 100 soit auprès des sociétés de crédit immobilier soit auprès de la caisse d'épargne s'ils remplissent les conditions suivantes :

1° posséder, au moment de la conclusion du prêt hypothécaire, le cinquième au moins du prix de la maison.

2° passer avec la caisse nationale d'assurance en cas de décès un contrat à prime unique garantissant le paiement des annuités qui resteraient à échoir au moment de sa mort, le montant de cette prime pouvant être incorporé au prêt hypothécaire.

3° être muni d'un certificat administratif constatant qu'il a été satisfait aux conditoins imposées par l'article 5 de la loi du 12 avril 1906, et obtenir avant la conclusion du prêt sur la présentation du dossier dont il est parlé ci-après le certificat de salubrité visé audit article 5.

Le certificat administratif est demandé au Préfet.

Le contrat de prêt hypothécaire est précédé d'une demande tendant à subir la visite médicale prévue par la loi du 10 avril 1908. Cette demande est adressée au Directeur Général de la Caisse des Dépôts et Consignations par l'entremise de la société ou de la caisse d'épargne qui est appelée à consentir le prêt.

Formalités à remplir et Pièces à produire

Pour être admis à jouir du bénéfice des dispositions de la loi du 12 avril 1906, le propriétaire de l'habitation doit présenter à l'Administration des contributions directes dans les 4 mois de l'ouverture des travaux une demande d'exonération temporaire des impôts de la contribution foncière et de la contribution des portes et fenêtres et déclarer que l'habitation qui fait l'objet de sa demande est destinée à être occupée par une personne peu fortunée. En outre il doit adresser à la même administration, dans le délai de 3 mois à dater de l'achèvement de la construction, un certificat de salubrité qui est demandé au Comité de patronage des habitations à bon marché de l'arrondissement, au moins trois mois avant la date à laquelle il doit être produit, c'est-à-dire, au plus tard au moment de l'achèvement des travaux.

Dans le cas ou ce comité n'aurait pas délivré le certificat de salubrité avant l'expiration dudit délai, ou l'aurait refusé, ou bien encore aurait ajourné sa décision, le propriétaire devrait adresser un recours à M. le Ministre du Travail et de la Prévoyance sociale, au moment de l'expiration de ce délai de trois mois, pour interrompre la déchéance.

La demande de certificat de salubrité doit être formulée par le propriétaire de l'habitation et adressée au président du comité des habitations à bon marché de l'arrondissement à Meaux, accompagnée

1° d'un plan d'ensemble de la propriété indiquant l'emplacement des constructions, puits, puisards, fosses d'aisances, tas de fumiers, etc.

2° des plan, coupe et élévation des bâtiments.

3° du devis descriptif des constructions.

4° d'une notice explicative sur le mode et les conditions d'évacuation des eaux et matières usées, ainsi que sur l'alimentation en eau potable.

5° d'un exemplaire du règlement sanitaire de la commune.

(La copie de ce règlement peut être prise sans frais au secrétariat de la mairie, mais elle doit être certifiée conforme par le maire.)

Conditions que doivent remplir les logements et les maisons individuelles pour être admis à jouir des avantages relatés ci-dessus.

Au point de vue de la valeur locative

Logements d'Habitations collectives ;

Dans les communes au-dessous de 1.001 habitants — loyer 140 fr. par an
Dans les communes de 1.001 à 2.000 habitants — loyer 200 fr. par an
Dans les communes de 2.001 à 5.000 habitants — loyer 225 fr. par an
Dans les communes de 5.001 à 30.000 habitants — loyer 250 fr. par an

Toutefois dans toutes les communes dont la distance aux fortifications de Paris est supérieure à 15 kilomètres et n'excède pas 40 kilomètres ce maxima a été porté à 325 francs.

Les localités qui en bénéficient sont pour l'arrondissement de Meaux :

Canton de Claye-Souilly. — Toutes les communes.

Canton de Dammartin-en-Goële. — Toutes les communes.

Canton de Lagny. — Toutes les communes sauf Chelles.

En ce qui concerne la commune de Chelles qui se trouve dans un rayon de 15 kilomètres des fortifications de Paris, le maxima a été fixé à 400 francs.

Canton de Crécy-en-Brie. — Communes de Bailly-Romainvilliers, Bouleurs, Boutigny, Condé-Sainte-Libiaire, Coulommes, Coutevroult, Couilly, Crécy, La Chapelle-sur-Crécy, Esbly, Magny-le-Hongre, Montry, Quincy-Ségy, Saint-Fiacre, Serris, Saint-Germain-les-Couilly, Vaucourtois, Villiers-sur-Morin et Voulangis.

Canton de Lizy-sur-Ourcq. — Communes de Barcy, Douy-la-Ramée et Marcilly.

Canton de Meaux. — Communes de Chambry, Chauconin, Crégy, Fublaines, Mareuil-les-Meaux, Meaux, Nanteuil-les-Meaux, Neufmontiers, Penchard, Poincy et Villenoy.

Maisons individuelles destinées à la location :

Valeur locative ci-dessus augmentée d'un cinquième.

Maisons individuelles occupées par l'acquéreur

ou le propriétaire constructeur :

Dans ce cas la valeur locative est fixée à 5 fr. 56 pour 100 du prix de revient réel de l'immeuble terrain compris.

Dans tous les cas la valeur locative des maisons ou logements sera déterminée par le prix de loyer porté dans les baux augmenté, le cas échéant, du montant des charges autres que celles de salubrité (eau, vidange ,etc.), et d'assurance. S'il n'existe pas de bail la valeur locative des maisons individuelles est fixée comme il est dit ci-dessus à 5 fr. 56 pour 100 du prix de revient de l'immeuble.

Les propriétaires devront justifier de l'exactitude des bases d'évaluation par la production de tous documents utiles (baux, contrats, devis, mémoires, etc.).

A défaut de justifications ou en cas de justifications insuffisantes, la valeur locative est déterminée suivant les règles prévues par l'article 12, paragraphe 3 de 'a loi du 15 juillet 1880.

Au point de vue de la Salubrité

Le Comité de patronage des habitations à bon marché et de la Prévoyance sociale de l'arrondissement de Meaux, chargé, par l'article 5 de la loi du 12 avril 1906 de délivrer un certificat de salubrité pour les maisons dont les propriétaires demandent à. profiter des immunités fiscales prévues par ladite loi,

Donne avis aux intéressés :

Qu'afin de remplir sciemment et équitablement sa mission, il procédera ou fera procéder conformément à la loi :

Soit à un examen des plans et devis descriptifs qui lui seront présentés, si le certificat de salubrité est demandé avant tout commencement des travaux,

Soit après l'achèvement de la construction à une visite sur place des travaux en vue de s'assurer que toutes les prescriptions d'hygiène ont été scrupuleusement observées par les constructeurs, si le certificat de salubrité est demandé pendant l'exécution des travaux.

Le certificat de salubrité ne peut être accordé qu'aux maisons construites en conformité du règlement sanitaire municipal pris dans chaque commune en vertu de la loi du 15 février 1902 sur la protection de la santé publique.

D'une manière générale ce sont toujours les règlements sanitaires municipaux qui doivent être appliqués, le présent règlement édicté en vertu de la loi du 12 avril 1906 et les dispositions spéciales qu'il contient, n'ont été adoptées que pour combler les lacunes qui peuvent exister dans les règlements municipaux.

Il attire tout spécialement l'attention des propriétaires et constructeurs sur les conditions qui détermineront rigoureusement ses décisions dont certaines varient comme il est expliqué ci-après suivant l'importance des communes. Il fait en outre observer que contrairement à une opinion répandue l'usage des fosses septiques n'est pas plus toléré que celui des puisards absorbants, dans les grandes agglomérations.

Matériaux de Construction

ARTICLE PREMIER. — Les matériaux employés pour la construction seront de bonne qualité et employés suivant les règles de l'art.

Épaisseur des Murs

ART. 2. — Les murs auront une épaisseur suffisante pour assurer la solidité de l'immeuble et protéger les habitants contre les variations atmosphériques.

Pièces destinées à l'Habitation

I. — *Communes ayant une population supérieure à 2.000 habitants*

ART. 3. — Dans les maisons *collectives*, la superficie des pièces destinées à l'habitation, soit de jour soit de nuit, sera d'au moins neuf mètres avec une hauteur sous plafond de 2 m. 80 ou de 2 m. 60 suivant l'étage.

Les hauteurs sous plafond seront : 2 m. 60 pour le sous-sol servant à l'habitation de jour ; 2 m. 80 pour le rez-de-chaussée et l'étage immédiatement au-dessus ; 2 m. 60 pour les autres étages. A l'étage le plus élevé du bâtiment la hauteur minimum de 2 m. 60 sera mesurée à la partie la plus haute du rampant. La profondeur des pièces ne pourra dépasser le double de la hauteur de l'étage. Toute chambre lambrissée aura une surface de plafond horizontale d'au moins deux mètres. La partie lambrissée comprendra une couche de matériaux protégeant l'occupant autant que possible contre les variations atmosphériques.

L'habitation de nuit est interdite dans les soussols.

Dans les maisons *individuelles*, la surface des pièces destinées à l'habitation, de jour ou de nuit, ne saurait être inférieure à neuf mètres et elles devront avoir sous plafond une hauteur minimum de 2 m. 60.

ART. 4. — Les pièces d'habitation, de jour et de nuit, seront aérées et éclairées directement par des baies ouvrant sur cour ou sur rue et dont les sections réunies devront avoir au minimum deux mètres superficiels pour les étages inférieurs et un mètre et demi superficiel pour l'étage supérieur de l'habitation.

ART. 5. — Pour les maisons collectives la surface des cours sur lesquelles prennent jour et air des pièces servant à l'habitation de jour et de nuit sera de 30 mètres carrés au minimum. Les courettes sur lesquelles sont exclusivement aérées des pièces qui ne peuvent servir à l'habitation auront une surface de 12 mètres carrés au moins.

ART. 6. — L'installation d'alcôves pouvant se fermer sera considérée comme une cause d'insalubrité à moins qu'elles ne soient pourvues d'une baie d'aération ouvrant sur le dehors.

ART. 7. — Chaque pièce d'habitation munie d'un appareil de chauffage sera pourvue d'un conduit de fumée indépendant des autres conduits.

ART. 8. — Autant que possible les pièces destinées à l'habitaton devront recevoir le soleil à un moment quelconque de la journée.

II. — *Communes ayant une population inférieure à 2.000 habitants*

ART. 9. — Le sol du rez-de-chaussée s'il n'est pas établi sur caves devra être surélevé de 30 centimètres au moins au-dessus du niveau extérieur ; quand il repose sur terre pleine, le dallage, le carrelage, ou le parquet devra être placé sur une couche de béton inperméable ou de machefer. Le sol en terre battue sera considéré comme une cause d'insalubrité.

ART. 10. — Les pièces d'habitation de jour et de nuit seront bien éclairées et ventilées ; leur surface sera d'au moins neuf mètres ; elles seront hautes au moins de 2 m. 60 sous plafond. Les fenêtres ne mesureront pas moins d'un mètre et demi superficiel.

Prescriptions communes aux deux catégories

Cuisines

Art. 11. — Le sol des cuisines devra être constitué en matériaux imperméables.

Art. 12. — L'évacuation des buées devra être assurée, soit au moyen de hottes, soit par tout autre moyen d'évacuation permanent.

Allées, Vestibules, Escaliers à usage commun

Art. 13. — Les allées, vestibules, escaliers et couloirs à usage commun devront être largement aérés et bien éclairés dans toutes leurs parties par la lumière du jour.

Art. 14. — Les parois des allées, vestibules, escaliers et couloirs à usage commun devront être établis de façon à pouvoir être lessivés ou blanchis à la chaux. En conséquence elles ne devront être tendues ni d'étoffes ni de papiers.

Cours

Art. 15. — Il ne devra point être établi de combles vitrés dans les cours et courettes au-dessus des parties sur lesquelles sont aérées et éclairées soit des pièces pouvant servir à l'habitation, soit des cuisines, soit des cabinets d'aisances.

Alimentation en Eau potable

Art. 16. — Dans les communes qui possèdent des distributions d'eau potable toute maison devra en être pourvue si elle se trouve sur une voie desservie par le service d'eau.

Art. 17. — Les puits servant à l'alimentation seront fermés à leur orifice ou garantis par une fermeture surélevée .Leur paroi de pierre ou de brique sera hourdée en mortier de chaux hydraulique ou de ciment jusqu'à la nappe d'eau ou tout au moins à une profondeur de cinq mètres. Elle devra surmonter le sol de 50 centimètres au moins et être couverte d'une margelle en pierre dure ou en brique.

Les puits seront protégés contre toute infiltration d'eaux superficielles par une aire en maçonnerie imperméable large de deux mètres environ hermétiquement rejointe aux parois du puits et légèrement inclinée du centre vers la périphérie. Ils seront tenus en état constant de propreté et seront éloignés des fosses à fumier et à purin, des mares et des fosses d'aisances. L'eau sera puisée à l'aide d'une pompe ou d'un seau qui restera constamment fixé à la chaine.

Art. 18. — Les citernes destinées à recueillir l'eau de pluie seront étanches et voutées. La voute sera aérée par une baie. Aucune culture ne pourra être pratiquée sur la voûte. Le niveau de l'eau sera maintenu à une hauteur convenable par un trop plein.

Les citernes seront munies d'une pompe ou d'un robinet. Elles seront précédées d'un citerneau destiné à arrêter les corps étrangers.

L'emploi du plomb dans les réservoirs à eau potable sera considéré comme une cause d'insalubrité.

Évacuation des Eaux et Matières usées

Art. 19. — L'évacuation des eaux pluviales et des eaux usées devra être assurée conformément aux règlements municipaux. Quand la maison sera alimentée en eau potable au moyen d'un puits ou d'une ci-

terne, les eaux usées ne pourront être écoulées dans
un puisard absorbant que si celui-ci se trouve à dix
mètres au moins du puits ou de la citerne et dans la
partie inférieure du terrain. Si la rue en bordure de
laquelle se trouve la maison est pourvue d'un égout,
les eaux usées seront conduites directement à l'égout
au moyen d'une canalisation étanche.

ART. 20. — Les fosses d'aisances devront être établies en conformité des règlements sanitaires commu-
naux. A défaut de prescriptions, les fosses devront
être étanches dans les communes dont la population
agglomérée est supérieure à 2.000 habitants. Dans les
communes ayant une population agglomérée inférieure à 2.000 habitants elles seront établies à une
distance convenable des sources, puits et citernes.

ART. 21. — Les cabinets d'aisances devront être
munis d'un appareil à occlusion hermétique ou à effet
d'eau. Le sol devra être établi en matériaux imperméables. Ils seront éclairés et aérés directement.
L'emploi des trémies pour l'éclairage ne sera pas ac-
cepté.

Dans toute maison il y aura par appartement quelle
qu'en soit l'importance à partir de 3 pièces habitables
(non compris la cuisine) : 1° un cabinet d'aisances ;
2° un évier avec poste d'eau si la maison se trouve
dans les conditions de l'article 16, et vidoir avec occlusion hermétique pour l'évacuation des eaux usées.

ART. 22. — Lorsque le règlement sanitaire com-
munal n'exigera pas la construction de fosses d'aisances étanches, l'emploi des fosses septiques ou tous autres systèmes reposant sur des principes analogues
sera admis si le type est agréé à Paris par M. le Préfet de Police. La justification de cet agrément devra
être produite au dossier. A l'appui de cette justification il sera fourni la description (avec plan) de l'appareil et de l'exposé de son fonctionnement, ainsi que
de l'indication des procédés d'épuration de l'effluent.
S'il est fait usage de lits bactériens d'oxydation, la
composition exacte en sera donnée. Si au contraire,
l'effluent est conduit sur des terrains d'épandage, la
situation de ces terrains sera indiquée.

ART. 23. — En aucun cas, les effluents des fosses septiques ou des systèmes analogues ne pourront être déversés directement dans des puisards absorbants, ni dans des égouts ou conduites allant à des cours d'eau.

Ils ne pourront être déversés dans des fossés, égouts, rigoles ou cours d'eau qu'à la condition d'être épurés sur des terrains d'épandage ou sur des lits bactériens d'oxydation ou d'être traités par tout autre procédé qui en assure la désinfection, la désodorisation et l'épuration de manière qu'ils satisfassent aux conditions imposées par les instructions du Conseil supérieur d'hygiène du 12 avril 1909 (1).

Lorsqu'ils devront être épurés sur des lits bactériens ou des terrains d'épandage, les effluents des fosses septiques ou des systèmes analogues devront y être conduits par des tuyaux étanches d'un diamètre suffisant pour en assurer le facile écoulement.

ART. 24. — Les fosses septiques ou systèmes analogues devront être installés de manière que toutes les parties en soient facilement accessibles et visitables.

Des dispositions spéciales devront être prises pour que des échantillons puissent toujours être prélevés facilement en vue de l'analyse de l'effluent.

---

(1) Extrait des instructions arrêtées par le Conseil supérieur d'Hy giène publique, dans sa séance du 12 juillet 1909.

L'épuration est suffisante :

1° Lorsque l'eau épurée ne contient pas plus de 0 gr. 03 de matières en suspension par litre ;

2° Lorsque, après filtration sur papier, la quantité d'oxygène que l'eau épurée emprunte au permanganate de potassium en trois minutes, reste sensiblement constante avant et après sept jours d'incubation à la température de 30 degrés, en flacon bouché à l'émeri.

3° Lorsque, avant et après sept jours d'incubation à 30 degrés, l'eau épurée ne dégage aucune odeur putride ou ammoniacale ;

4° Enfin, lorsque l'eau épurée ne renferme aucune substance chimique susceptible d'intoxiquer les poissons et de nuire aux animaux qui s'abreuveraient dans les cours d'eau ou elle est déversée.

Pour tous renseignements complémentaires, s'adresser : à M. le Président du Comité de patronage des habitations à bon marché de l'arrondissement, à Meaux, ou au secrétariat de la Sous-Préfecture de Meaux.

MEAUX

IMPRIMERIE A. LALOT

LALOT
IMPRIMEVR
MEAVX